für HANNA

Ute von Brisinski

Miranda Meerferkel

Geschichten aus dem Kinderleben

Bilder von Katharina Joanowitsch

rororo

Rowohlt

rororo rotfuchs
Herausgegeben von Ute Blaich und Renate Boldt

Originalausgabe
Veröffentlicht im Rowohlt Taschenbuch
Verlag GmbH,
Reinbek bei Hamburg, Februar 1994

Umschlagillustration Katharina Joanowitsch
Umschlaggestaltung Nina Rothfos
rotfuchs-comic Jan P. Schniebel

Satz Sabon PostScript, QuarkXPress 3.11,
belichtet bei Cleeves Reprotechnik, Hamburg
Gesamtherstellung Clausen & Bosse, Leck
Printed in Germany
790-ISBN 3 499 20722 2

Vor allem für Hanna und Lena,
aber auch für Alexander, Bea, Carola,
Christel, Elena, Holger, Frau Hoppe,
Frau Husmann, Insa, Jan, Johanna,
Julian, Katharina, Frau Kirsten, Lilli,
Loni, Michael, Nils, Oma, Pöp, Rayk,
Simon, Tilly, Tobias, Trudi und…

Inhalt

Miranda Meerferkel

Meerschweinchen sind eigentlich gar keine Schweine, sondern Nagetiere. Das hatte Hanna gelesen. Über das Meer waren sie zu uns gekommen, aus Mittel- und Südamerika. Als Kolumbus Amerika entdeckte, da gab es sie schon lange dort. Und weil Kolumbus dachte, er hätte Indien entdeckt, nannte er die Menschen dort Indios. Die Indios hielten Meerschweinchen als Haustiere. Hatten die es gut, dachte Hanna.

Seit Tagen schon redete sie von nichts anderem mehr als von Meerschweinchen. Schließlich hatte ihre Mutter ein Buch über die Pflege von Meerschweinchen gekauft und es Hanna gegeben. «Wir müssen darüber noch in Ruhe sprechen», hatte sie gesagt.

Mama fand es auch nicht gut, daß das Zwergkaninchen Lilli nun schon so lange allein war. Ihre Gefährtin Luzi war im letzten Jahr gestorben. «Kaninchen und Meerschweinchen sind gesellige Tiere», hatte Mama schon ein paarmal gesagt. «Aber noch ein neues Tier?» seufzte sie dann.

Hanna schnappte sich eine Decke und suchte sich ein schattiges Plätzchen im Garten. «Meerschweinchen sind so süß», flüsterte sie und kuschelte sich in ihre Decke.

In Südamerika ist es auch so warm, dachte Hanna. Vielleicht schliefen sie tagsüber in der Hitze. Und nachts, da trappelten sie herum und fraßen die Reste, die vom Essen der Menschen auf dem Boden liegengeblieben waren. Wie die Meerschweinchen wohl aussahen? Braun und weiß gefleckt waren sie sicherlich und hatten glatte Haare.

Aber da läuft ja ein kleines Rosettenmeerschweinchen mit Wirbeln im Fell herum! Hanna kann es jetzt deutlich sehen. Ein ganzes Rudel ist da. Braune, schwarze, weiße, gescheckte, glatte und Rosettenmeerschweinchen. «Der kleine Meereber dort heißt Amigo», sagt Hanna leise und lacht in sich hinein. «Der hat einen ganzen Harem um sich herum!»

«Oh, das Rosettenmeerferkel dahinten ist ja niedlich! Es ist schwarzweiß gescheckt und hat ein rosa und ein schwarzes Ohr. Ich finde, es sieht aus, als würde es Miranda heißen!» ruft Hanna entzückt.

Alle Tiere sind sehr beschäftigt. Die einen quieken und suchen eifrig nach Eßbarem, die anderen putzen sich das Gesicht. Da, Miranda kratzt sich gerade mit der Kralle unterm Kinn! Und was soll das? Da kommt ein Mann in die Hütte und sammelt ein Tier nach dem anderen in einen Korb. Dann schließt er ihn und bringt ihn hinaus. Wohin will er? Hanna hält die Luft an. Jetzt wird es spannend! Wo ist denn Miranda geblieben? Da, der Mann geht jetzt mit dem Korb zum Strand. Schnell lädt er ihn auf ein langes Boot und paddelt eilig auf das Meer hinaus.

Hanna atmet rascher. Wohin will er? Liegt dahinten nicht ein großes Segelschiff vor Anker? Der Mann hält direkt darauf zu. Jetzt wird eine Strickleiter herabgelassen. Er greift den Korb und klettert behende den Schiffsrumpf hinauf. Wieder hält Hanna die Luft an. Was sind denn das für verwegene Gestalten an Bord? Sie tragen bunte Tücher um den Kopf gewunden und haben lange Haare und Bärte. Laut singend und rülpsend geht jetzt ein besonders wüst aussehender Seemann mit schwarzer Augenklappe auf den Ankömmling zu.

«Eh, roter Mann!» grölt er zwischen zwei

Rülpsern. «Hast du ein ordentliches Rudel von diesen Viechern mitgebracht? Ein paar werden unterwegs draufgehen, aber den Rest werde ich in Europa teuer verkaufen!» lacht er breit, so daß man eine Reihe Goldzähne sehen kann. Dann nimmt er den Korb an sich, hebt kurz den Deckel, nickt und hält dem Indio eine Handvoll Glitzertand entgegen. «Hier hast du Schmuck für eure Weiber, und jetzt verschwinde!» brüllt er böse und läßt donnernd einen fahren. Schnell greift der Indio das Glitzerzeug, schwingt sich über die Reling und klettert flink zurück ins Boot.

«Oh», flüstert Hanna ängstlich, «hoffentlich sterben sie nicht auf der langen Reise! Das ist ja ein Piratenschiff. Die werden die Meerschweinchen bestimmt nicht gut versorgen. Die sind ja alle betrunken! Wie wird es wohl dem kleinen Meerferkel gehen? Es sah so hübsch aus, als es sich am Kinn kratzte.»

«Weißt du, was ich mir überlegt habe?» sagte jemand neben Hannas Decke. «Wir fahren zum Tierladen und gucken einfach mal, ob sie Meerschweinchen haben.» Benommen starrte Hanna ihre Mutter an. «Ja, aber…» Dann sprang sie blitzartig hoch.

Im Tierladen rannte Hanna sofort zu den Käfigen mit den Zwergkaninchen, Mäusen, Hamstern und Meerschweinchen. Plötzlich drang ein schriller Schrei durch das Geschäft. «Da ist sie ja!» Hannas Mutter guckte verständnislos auf ihre Tochter und dann auf das kleine Meerferkel, das da ganz allein im Käfig saß und sich unterm Kinn kratzte. Ein Verkäufer kam lächelnd auf die beiden zu. «Wir haben diesmal leider nur ein Rosettenmeerschweinchen mitbekommen, gerade eben hatten wir eine neue Lieferung.» «Darf ich es anfassen?» fragte Hanna zitternd vor Aufregung. Und dann hielt sie ein

schwarzweiß geschecktes Meerferkel mit Wirbeln im Fell an die Brust gepreßt. Es guckte sie aus schwarzen Knopfäuglein aufmerksam an und zuckte erst ein bißchen mit dem rosa und dann ein bißchen mit dem schwarzen Ohr.
«Miranda!» sagte Hanna überwältigt.
«Miranda Meerferkel, das war eine lange Reise! Aber du hast es geschafft!»

Katharinas Hochzeit

«Hallo, Hanna! Hier ist Katharina. Ich möchte dich zu meiner Hochzeit einladen!» Hanna hielt den Telefonhörer in der Hand und staunte. «Echt jetzt?» fragte sie.
«Ja, Holger und ich wollen morgen nachmittag heiraten. Kommst du nun?»
«Äh, ja!» sagte Hanna verdutzt.
Schon hatte Katharina aufgelegt. Wahrscheinlich wollte sie noch mehr Leute einladen.
Als ihre Mutter von der Arbeit nach Hause kam, erzählte Hanna ihr von der Hochzeitseinladung. Die Mutter lächelte ein bißchen schief und sagte: «Na, dann müssen wir ja wohl ein Geschenk besorgen, was?»
In einer Drogerie suchte Hanna eine rote

Herzenseife und eine Tüte Herzenluftballons aus. «Wenn die beiden heiraten wollen, müssen sie sich wohl liebhaben», hatte ihre Mutter gemeint. «Mmh», machte Hanna nur. Irgendwie kannte sie sich mit Heiraten nicht so richtig aus.

Am Abend dachte Hanna noch immer über die ganze Sache nach. «Papa und du, ihr habt doch auch geheiratet, oder?»

«Ja!»

«Warum denn?»

«Weil wir Lust dazu hatten.»

«Mmh, ist das, weil ihr Geschlechtsverkehr machen wolltet?»

Etwas verdattert guckte Hannas Mutter ihre Tochter an. «Das hört sich ja komisch an, Geschlechtsverkehr machen!» sagte sie. «Papa und ich sagen immer, wir schlafen miteinander. Aber das ist eigentlich auch blöd. Wir schlafen ja nicht dabei!»

«Manche Kinder sagen bumsen dazu!»
«Das hört sich ja so nach donnern an...»
«Was soll ich denn dazu nun sagen?»
«Mmh, sag einfach, was du möchtest. Ich glaube, jeder muß für sich selbst herausfinden, welches Wort am besten ist. Man muß übrigens nicht heiraten, wenn man miteinander schlafen will.»
«Aha», sagte Hanna und dachte nach.
«Und warum wollen Katharina und Holger heiraten?»
«Keine Ahnung!» lachte die Mutter.
Am nächsten Tag ging Hanna mit ihren Geschenken ein paar Straßen weiter zu Katharinas Haus. Am Gartentor hingen viele bunte Luftballons. Die Braut kam ihr schon entgegengerannt.
«Wie siehst du denn aus?» fragte Hanna verblüfft. Katharina trug ein langes Kleid und eine Tüllgardine als Schleier an ihrem Kopf.

Obendrauf war ein Kranz aus Blumen befestigt, den sie selbst geflochten hatte.
«Na, so sehen Bräute doch immer aus!» sagte Katharina vorwurfsvoll.
«Mmh», machte Hanna. Mama hatte auf den Hochzeitsfotos im Album nicht solche Sachen angehabt.
«Holger ist noch nicht da», sagte Katharina. «Das ist meine Schwester Rebecca, sie soll Blumen streuen.» Sie zeigte auf ein kleines Mädchen, das auch ganz festlich gekleidet war. Irgendwie kam sich Hanna in ihren Radlershorts und dem T-Shirt ein bißchen komisch vor. Aber die anderen Kinder, die auf dem Rasen herumtollten, waren auch nicht anders angezogen.
Endlich kam Holger. Der Bräutigam trug einen viel zu großen Hut auf dem Kopf. «Der ist von Opa!» sagte er etwas verlegen. Sonst sah er ganz normal aus. Für Katharina hatte

er einen großen Blumenstrauß mitgebracht. «Selbstgepflückt!» sagte er stolz.
Ob die sich jetzt küssen? dachte Hanna.
Nein, sie küßten sich nicht. Ob die wohl zusammen bumsen wollen? überlegte sie.
Nee, dafür muß man größer sein, hatte Papa gesagt. Am besten, ich gebe ihnen jetzt mal die Geschenke, dachte sie. Wortlos und ein bißchen unsicher hielt sie Katharina die Sachen hin. «Eh, super!» sagte Katharina und rannte damit ins Haus.
In diesem Augenblick kam Katharinas Mutter heraus und trug einen großen Tisch auf den Rasen. Auf den Tisch stellte sie Teller, Gläser, Getränke und jede Menge Kuchen. Alle langten kräftig zu.
Nach dem Essen sollte der Hochzeitsumzug beginnen. Katharina und Holger stellten sich nebeneinander auf und verhakelten ihre Arme ineinander. Rebecca trat vor die beiden mit

einem Körbchen voll Blumen. Hinter dem Brautpaar stellten sich immer zwei Gäste nebeneinander auf. Hanna ging neben Johanna.

Dann verteilte Katharinas Mutter Kochlöffel, Töpfe, mit Erbsen gefüllte Dosen, mit Pergamentpapier überzogene Kämme, kleine Klanghölzer, einen Triangel und zwei Flöten an die Gäste. Sie öffnete das Gartentor, und die Hochzeitsgesellschaft setzte sich in Bewegung.

Rebecca warf Blumen vor sich auf die Straße. Katharina und Holger stolzierten mit langen Schritten und hocherhobenem Kopf hinter ihr her. Dahinter trommelten und pfiffen, tröteten und flöteten die Gäste. Himmel, war das ein Krach!

Die Hochzeitsgesellschaft zog langsam die Straße hinunter. Die Nachbarn steckten die Köpfe aus den Fenstern, Hunde bellten

aufgeregt. Manche Leute hielten sich mit beleidigtem Gesicht die Ohren zu. Andere lachten und klatschten begeistert. Am Ende der Straße kehrte der Zug um und ging denselben Weg zum Haus zurück. Rebeccas Blumenkörbchen war längst leer, aber die Musikanten rasselten und klapperten, knarrten und schepperten unermüdlich. Das Brautpaar trug die Köpfe nicht mehr ganz so hoch.

Im Garten dann mußten sich alle erst mal ausruhen. Aber nachdem sie sich mit kalten Getränken ordentlich erfrischt hatten, tobten Gäste und Brautpaar ausgelassen herum. Sie spielten Packen. Jungen packen Mädchen, Mädchen packen Jungen… Jan packte Hanna. Hanna packte Tobias. Tobias packte Katharina, Katharina packte Holger, Holger packte… Huch, war das schön!

Kichernd ließ sich Hanna auf den Boden

fallen. Ein herrliches Fest war das! So eine Hochzeitsfeier war doch ganz toll! Und nachher wollte Katharinas Vater noch ein Lagerfeuer machen und Kartoffeln braten. Mmh, die Welt ist schön, dachte Hanna.
Da purzelte Jan neben ihr auf den Boden und kniff ihr ins Bein. «Eh, laß das, du Blödmann!» schrie Hanna wütend. Aber als Tobias sie im Nacken kitzelte, mußte sie schon wieder lachen.
Vollkommen erschöpft kam Hanna am Abend nach Hause. «Mama, das war eine tolle Hochzeit! Hast du auch solche weißen Sachen angehabt?»
«Nein, wir haben nicht in der Kirche geheiratet, nur vor dem Standesamt», sagte die Mutter. «Aber auf unserem Fest haben unsere Gäste und Papa und ich uns alle ganz verrückt angezogen. Papa hatte zu seinem schwarzen Anzug silberne Turnschuhe an und

einen Eichenlaubkranz aus Plastik auf dem Kopf. Ich hatte einen Storch aus Plastik um den Hals baumeln. Und Luftballons mit Zetteln dran haben wir steigen lassen.»

Hannas Mutter fing an zu lachen. «Komm, ich zeig dir mal die Fotos! Papa hat vielleicht komisch ausgesehen!»

NSH

Endlich Sommerferien! Hannas Eltern hatten für drei Wochen eine Wohnung in Österreich gemietet. Hoffentlich würde es schönes Wetter sein! Sie wollten im See schwimmen, und Hanna wollte viele neue Pflanzen und Tiere finden. Hannas größtes Hobby war nämlich die Natur.

Am ersten Ferientag ging es los: Das Auto war vollgepackt, und alle saßen angeschnallt in ihren Sitzen. Hanna hatte sich kurz vorher noch ausgiebig und ein bißchen traurig von Miranda Meerferkel verabschiedet. «Mama, bekommen wir in diesem Jahr auch wieder einen Überraschungsbeutel?» fragte sie, um auf andere Gedanken zu kommen.

Hannas Mutter nickte. «Wenn wir auf der

Autobahn sind. Ein bißchen Geduld mußt du noch haben!»
«Das sagst du jedes Jahr!» meinte Hanna und freute sich.
Endlich hatten sie sich auf der Autobahn eingefädelt. Aufgeregt öffnete Hanna ihren Beutel und kramte allerlei Sachen hervor. Eine neue Kassette war dabei, damit die Fahrt nicht zu lang werden würde. Dann steckten noch ein Buch, ein schwarzes Notizbüchlein mit rotem Rand und eine Lupe darin. Das Buch hieß «Florinchens Sommerbuch».*
«Oh, schön!» rief Hanna begeistert. «Die Kassette will ich gleich hören!» Schon setzte sie sich ihren Kopfhörer auf und legte die Kassette in den Walkman ein.
«Das Buch gucke ich mir erst in Österreich an, damit mir nicht schlecht wird vom

* G. Näslund: Florinchens Sommerbuch, Hamburg 1991

Runtergucken. Wozu sind das Notizbuch und die Lupe?»

«Abwarten!» lachte die Mutter. «Du wirst schon sehen!»

Nach vielen Stunden Fahrt kamen sie endlich am Mondsee an. Abends im Bett erinnerte sich Hanna an «Florinchens Sommerbuch». Gespannt klappte sie es auf. «Florinchen und Fabbe machen sich herrliche Sommerferien in der Natur. Viele Bilder und Ideen zeigen, was man alles in der Natur entdecken kann und was man mit Blumen, Gräsern und Kräutern anfangen kann.» Doch was sollte das sein: «NSFF»? Hanna las weiter: «Naturspäher Florinchen und Fabbe. NSFF. Wir passen auf, was in der Natur passiert. Beobachten Blumen und Bäume und so was.»

«Das will ich auch!» schrie Hanna begeistert. «Ich werde Naturspäherin! Also dafür sind das Notizbuch und die Lupe! NSH. Naturspäherin Hanna! Ich passe auf, was in der Natur passiert. Beobachte Blumen und Bäume und so was. Hoffentlich ist bald morgen!»

In den folgenden Tagen nahm Hanna überallhin einen Rucksack mit. Darin steckten das Notizbuch, die Lupe, verschiedene Stifte und eine Rolle Klebestreifen. Auf den Wiesen und Feldern, am See und im Wald gab es so viel zu sehen. Und wenn da etwas Besonderes wuchs,

erspähte es Hanna sofort. Und dann sammelte sie es. Wenn es ging.
Direkt vor dem Ferienhaus standen mehrere Bäume. Hanna drückte ein Blatt Papier gegen den Stamm und fuhr mit einem weichen Bleistift hin und her über das Papier.
Bald hatte sie so lauter verschiedene Rindenabdrücke. Die klebte sie in ihr Notizbuch ein. Daneben schrieb sie auf, wie die Bäume hießen und wo sie sie wann gefunden hatte.
«Du wirst ja eine richtige Naturforscherin», sagte Hannas Vater eines Morgens ganz stolz.
«Ja, ich habe auch schon Flügel von toten Schmetterlingen gefunden und eingeklebt. Willst du sie mal sehen?»
«Nein, jetzt nicht, lieber heute abend. Wir wollen heute mit der Zahnradbahn auf den Schafberg fahren. Da gibt es bestimmt viel für dich zu entdecken.»
Schnaufend zockelte die Dampflok den steilen

Hang hinauf. Papa hatte recht gehabt! Oben auf dem Gipfel gab es wunderschöne Bergwiesen! «NSH ist nicht zu bremsen!» rief Hanna begeistert. Und schon hockte sie neben einem Büschel kleiner rosafarbener Blumen. Mit der Lupe beguckte sie sich Blüte für Blüte. «Schön», flüsterte sie, «die muß ich malen.» Sie klappte ihr Notizbuch auf und begann, die Blüten abzumalen. Daneben schrieb sie: «Storchschnabel, gefunden am 16. Juli, Schafberg.»
Ihre Schwester Lena und die Eltern standen etwas unschlüssig um Hanna herum. Die war

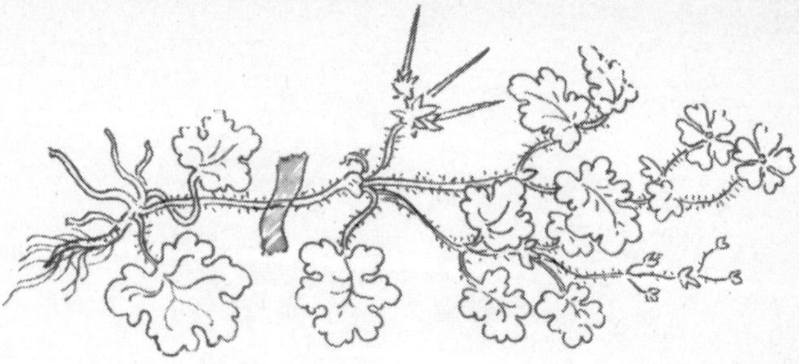

so konzentriert bei der Sache, daß sie alles um sich herum vergessen hatte. «Also, ich würde ja gerne ein Stück wandern», sagte schließlich der Vater schon ein bißchen ungeduldig. «Ich auch!» meinte Lena nörgelig. «Dann wandert ihr beide doch, und ich bleibe bei Hanna», sagte die Mutter, setzte sich ins Gras und zog eine Thermosflasche mit Kaffee aus ihrem Rucksack. Fröhlich pfeifend zogen Lena und ihr Vater los.

Hanna malte unterdessen schon die nächste Pflanze. Zierliche blaue Glöckchen, die an langen Stielen hingen. «Glockenblume, gefunden am 16. Juli, Schafberg», schrieb Hanna. Dann malte sie noch rosa Schafgarbe, ein kleines Edelweiß, Männertreu und gelben Fingerhut. Ganz versunken war sie in ihre Naturbeobachtungen. Manchmal blieben Spaziergänger stehen und schauten ihr eine Weile zu. Aber Hanna merkte das gar nicht. Sie sammelte Natur für zu Hause. Sie konnte die Blumen ja nicht abpflücken und pressen. Wenn das alle Leute täten!

Schließlich war Hanna ganz erschöpft. Doch bald kamen die Wanderer zurück, und es gab ein herrliches Picknick aus dem Rucksack.

«Das ist toll, Naturspäherin zu sein», sagte Hanna mit vollem Mund und schaute sich jetzt erst mal in der Landschaft um.

Am Abend guckten sich Vater und Tochter das Naturspäherbuch in Ruhe an. Neben den Rindenabdrücken, den Schmetterlingsflügeln und Blumen hatte Hanna auch Schalen eines

Vogeleis gemalt: gefunden am 13. Juli am Mondsee, und eine Wanze: gefunden am 15. Juli am Wolfgangsee. In den nächsten Tagen zeichnete sie noch einen Pilz: gefunden am 18. Juli in der Drachenwand, ein Alpenveilchen: gefunden... Ein richtiges Schätze-Buch hatte sie jetzt schon.
Eines Tages zogen neue Leute in die Ferienwohnung nebenan ein. Bald hatten Lena und Hanna zwei Mädchen entdeckt, die ungefähr in ihrem Alter sein mußten. Vorsichtig spähten sie vom Balkon aus hinüber, aber trauten sich nicht, die Mädchen anzusprechen. Doch eines der beiden war mutiger. «Hallo, ich heiße Anja und ihr?»
Das jüngere Mädchen hieß Carola. Hanna hatte ihr gleich das Naturspäherbuch und die Lupe gezeigt, und Carola hatte sich auch alles angeguckt. Aber auf einmal hatte Hanna keine Zeit mehr zum Naturspähen. Mit

Carola ließ es sich so gut spielen! Und Schätze in der Natur zum Sammeln würde es schließlich auch zu Hause noch geben.
Lena und Anja spielten mit Pferden, die Lena sich hier in einem Laden gekauft hatte. Hanna und Carola spielten mit Schnecken. Unendlich

viele Hausschnecken fanden sich im feuchten Gras rund um die Ferienwohnung. Das war ein tolles Geschneck. Jawohl, Geschneck! Ein Gestüt kann ja jede haben, aber wer hat schon ein Geschneck?

Meine Freundin Christel

Auf dem Schulweg hatte Hanna schon seit Tagen beobachtet, daß in dem alten Fachwerkhäuschen an der Ecke gearbeitet wurde. Früher war ein Fernsehladen darin gewesen, und dann hatte es lange leer gestanden. Jetzt war das Schaufenster mit Tüchern zugehängt, und ein Schild klebte auf der Scheibe. Darauf stand in lila Buchstaben: «Hier wird demnächst eine Geschenkgalerie eröffnet.» Eine Geschenkgalerie? Was das wohl sein sollte? Aber Geschenke sind ja eigentlich immer gut, dachte Hanna.

Eines Tages stand dort eine junge Frau auf der Leiter, als Hanna aus der Schule kam. Sie hielt ein Eimerchen mit Farbe in der Hand und strich mit einem dicken Pinsel die Balken an dem Häuschen leuchtendblau an. Schön sieht das aus, dachte Hanna und blieb ein Weilchen stehen. Die junge Frau ließ jetzt einen Arm baumeln und guckte fröhlich in Hannas Richtung.

«Hallo!» sagte sie. «Hallo!» antwortete Hanna etwas schüchtern. «Mein Arm ist schon ganz lahm! Aber es sieht schön aus, was?» – «Mmh», machte Hanna und ging langsam weiter.

Eine ganze Zeit mußte sie sich noch gedulden, aber dann war es endlich soweit! Eines Morgens waren die Tücher weg! Neugierig ging Hanna näher an das Schaufenster heran. Hinter der blankgeputzten Scheibe lagen und standen viele verschiedene große und kleine Sachen. Papageien aus Holz, schön geformte Vasen, Kerzenständer, Tücher und kleine Tontiere. Hanna konnte sich gar nicht satt sehen. Im Laden waren überall kleine Lampen

eingeschaltet, und so konnte sie auch erkennen, was dort alles aufgebaut war. Regale, in denen Gläser, Schüsseln und Töpfe standen. An den Wänden hingen Bilder und…

Hannas Nase war an der Scheibe schon ganz plattgedrückt, als ihr plötzlich einfiel, daß sie ja pünktlich in der Schule sein mußte!

«Auweia! Ich komme zu spät!» schrie sie auf und rannte los. Doch kaum war sie ein paar Schritte entfernt, öffnete sich die Glastür des Ladens. Die junge Frau bückte sich und kam hinter ihr hergelaufen. «Warte!» rief sie und hielt ihr etwas entgegen. «Du hast deinen Turnbeutel vergessen!» – «Danke!» murmelte Hanna verblüfft und rannte wieder los.

Den ganzen Vormittag überlegte sie, ob sie einfach mal in den Laden reingehen sollte. Aber ich will ja nichts kaufen, dachte sie. Ihr Taschengeld für diese Woche war längst ausgegeben, und außerdem wußte sie ja gar nicht,

ob in dem Laden auch etwas für Kinder sein würde.
Dann stand sie wieder vor dem Geschäft. An der Glastür hing ein Troll aus blauer Pappe mit runden roten Holzaugen. Er guckte so freundlich, daß Hanna es schließlich wagte. Als sie die Tür öffnete, bewegten sich ein paar Mobiles leise im Windzug. Hinter einem Tischchen saß die junge Frau und guckte sie freundlich an. «Wenn du magst, kannst du dir alles in Ruhe ansehen. Es wäre nur ganz schön, wenn du deinen Ranzen an die Seite stellst. Damit du nichts aus Versehen umstößt. Magst du?» Hanna nickte verlegen und setzte ihren Ranzen ab.
Himmel, gab es hier viel zu sehen! Postkarten mit Pferden, Buntstifte, Asterix-Radiergummis, kleine Plüschtiere, Fensterbilder und Glücksschweinchen. Und da war ja noch ein anderes Zimmer!

Dort stand ein wunderschöner alter Schrank, aus dem es geheimnisvoll duftete. «Was ist das?» fragte Hanna.
«Das sind getrocknete Blüten in Säckchen verpackt oder zu Sträußchen gesteckt. Dazu gibt es kleine Glasfläschchen mit Duftölen. Zum Beispiel Rose, Lavendel oder Zitrone. Ein paar Tröpfchen von diesen Duftölen kann man auf die Blüten sprühen, und dann duftet es danach in der Wohnung.» Das gefiel Hanna gut!
«Ich heiße Christel», stellte sich die junge Frau jetzt vor. Dann öffnete sie ein Fläschchen und hielt es an Hannas Nase. «Das ist Melisse. Riech mal dran!»
Hanna schnupperte. «Mmh», sagte sie, «riecht gut. – Ich heiße Hanna», sagte sie dann leise.
Christel lächelte. «Du kannst ruhig öfter kommen, wenn du magst. Und kaufen mußt

du auch nichts, falls du das befürchtest.»
Hanna nickte froh.
Ab jetzt kam Hanna öfter mal in den Laden. Manchmal kaufte sie sich Sticker oder eine Postkarte. Meistens aber guckte sie sich die Sachen an, die neu dazugekommen waren, oder die alten, die sie sich noch nicht genug angesehen hatte. Dann erzählte sie Christel, was sie in der Schule erlebt hatte. Und vor allem von Miranda Meerferkel natürlich! Christel erzählte ihr, wozu manche Sachen im Laden zu gebrauchen waren. Und daß sie Katzen gern möge und einen großen Garten zu Hause hätte. Wenn Christel mal traurig war, weil an manchen Tagen nicht viele Leute in ihren Laden gekommen waren, dann überlegte Hanna lange, wie sie Christel beim Verkaufen helfen könnte.
Übrigens hatte Hannas Vater inzwischen alle seine selbstgemalten Aquarellbilder in

Christels Laden gebracht. «Es ist ja auch eine Galerie», hatte Christel gesagt, «und da werden auch Bilder verkauft.»
Einmal erzählte Christel, daß der blaue Troll an der Tür ein Puste-Troll sei. Wenn man Ärger hat oder sich vor etwas fürchtet, wenn man traurig ist oder nichts richtig klappen

will, dann pustet man ihn an – und er würde helfen! Seitdem pustete Hanna den blauen Troll immer ein bißchen an, wenn sie den Laden verließ. Für alle Fälle!
Seit einigen Tagen gab es andauernd Streit zwischen den Kindern, die sich auf dem Weg zur Schule trafen oder von dort zusammen nach Hause gingen. Es war nicht zum Aushalten! Bea meckerte mit Hanna, und Hanna meckerte mit Bea. Jan und Nils sollten Beas Beschützer sein. Das fand Hanna blöd und wollte lieber mit Johanna gehen. Ach, immer war etwas anderes!
Und dann entdeckte Bea eines Tages diese Sträucher mit den Hagebutten. Sogleich riß sie eine Frucht ab und rief: «Da ist doch Juckpulver drin! Los, jetzt streuen wir Hanna und Johanna Juckpulver ins Hemd!»
Jan rannte zu Hanna und hielt sie fest. Sie zog ihren Hals so weit ein, wie sie konnte, aber es

nützte nichts. Die kleinen Kügelchen purzelten ins T-Shirt, gleich weiter unter das Unterhemd und in die Hose hinein. Das juckte und brannte höllisch!

Hanna kreischte vor Wut. Auch Johanna nützte es nichts, daß sie sich nach Leibeskräften wehrte. Es juckte und juckte und juckte! Und je mehr sie kratzten, um so besser verteilte sich das Pulver auf der Haut.

«Komm, wir laufen zu meiner Freundin Christel!» rief Hanna Johanna zu. «Da sind wir in Sicherheit!»

In Christels Laden schilderte Hanna aufgeregt, was passiert war. Kurz entschlossen zog Christel den beiden Mädchen die T-Shirts und Hemden über den Kopf und schüttelte die Sachen vor der Tür kräftig aus. «So», sagte sie dann, «ich fürchte, den Rest müßt ihr zu Hause abduschen.»

Jetzt fing Hanna ein bißchen zu weinen an,

obwohl doch nun alles vorbei war. Sie fühlte sich plötzlich ganz kaputt.

Christel strich ihr über das Haar, und dann durften sich beide Mädchen einen hübschen Trost-Stein aussuchen. Hanna nahm ein golden schimmerndes Tigerauge. Es war ganz glatt geschliffen und fühlte sich gut an.

Nach einer Weile ging Hanna zum blauen Troll an der Tür und sagte: «Mmh, er hat uns gar nicht geholfen! Ich glaube, ich habe zu oft gepustet, auch wenn ich gar nicht so viel Ärger hatte und auch nicht traurig war. Jetzt hat er wohl gedacht, das ist nicht ernst!»

Rollte der Troll da nicht ein bißchen mit den roten Holzaugen?

«Ich glaube, er hat euch doch geholfen!» sagte Christel lächelnd. «Stell dir vor, ihr hättet später Schulschluß gehabt, und ich wäre in der Mittagspause nach Hause gegangen. Dann hättet ihr den ganzen Weg nach Hause mit dem Juckpulver im Hemd gehen müssen!» Und sie zwinkerte dem Troll kräftig zu.

Alex

Als Hanna nach dem Mittagessen ihren Schulranzen öffnete, starrte sie verwundert auf einen kleinen Brief. Er lag oben auf den Büchern und Heften. Wie war er nur in ihren Ranzen gekommen?
Vorn auf dem Umschlag stand «Hanna», hintendrauf war ein kleines rotes Herz geklebt. Verlegen drehte sie ihn hin und her. Dann riß sie ihn auf. Innen drin lag ein zusammengefaltetes Blatt Papier. Darauf war ein rotes Herz gemalt, und daneben stand groß «Alex»! Hannas Gesicht fühlte sich plötzlich sehr warm an.
In ihrer Klasse waren zwei Jungen, die Alexander hießen. Aber nur einer wurde Alex genannt. Alex spielte in der Jugendmannschaft

im Fußballverein. Und darüber redete er auch in jeder Pause mit den anderen Jungen. Wenn er nicht sowieso im Fußballbereich des Schulhofes herumbolzte. Dieser Alex sollte ihr geschrieben haben? Ob sie ihm auch schreiben sollte? Aber was?
Bei den Hausaufgaben konnte sich Hanna gar nicht richtig konzentrieren. Immerzu mußte sie über den Brief nachdenken, der vor ihr auf dem Schreibtisch lag. Als am Nachmittag ihre Freundin Elena zum Spielen kam, war sie mit ihren Gedanken ganz woanders. «Du spielst heute überhaupt nicht richtig!» sagte Elena ärgerlich. «Ich hab heute keine richtige Lust», meinte Hanna und guckte verlegen.
Schließlich fingen beide an zu streiten. Schade, am Vormittag hatte Hanna sich noch so auf Elenas Besuch gefreut. Aber am Nachmittag war ihr immer wieder Alex eingefallen. Ob der auch mal zum Spielen kommen würde?

In der Schule beobachtete Hanna Alex genau. Er beachtete sie überhaupt nicht. Immer wenn Hanna in seine Richtung guckte, guckte er jedenfalls ganz woandershin.
In der Mathestunde begann sie, in die kleinen Kästchen im Heft Herzchen zu malen. «Was machst du denn da?» kicherte Elena neben ihr. «Ach, laß mich doch in Ruhe!» zischte Hanna ärgerlich. «Hanna und Elena, etwas

mehr Ruhe bitte!» sagte Frau Koppe. Hanna bekam einen roten Kopf und guckte auf ihr Heft.

In der Pause fiel Hanna auf, daß Alex nie beim Packen mitspielte. Jungen packen Mädchen, und Mädchen packen Jungen. Oder viele Mädchen packen einen Jungen oder... Alex erzählte vom Siebenmeter beim letzten Punktspiel und zeigte den anderen Jungen, wie er den Ball genommen hatte. Niedlich sieht er aus, dachte Hanna und guckte ihn

sich genauer an. Die Brille steht ihm richtig gut. In der nächsten Stunde hatte Hanna eine glänzende Idee!

Mittags kam sie außer Atem zu Hause an.

«Du, Mama, zu meinem Geburtstag möchte ich noch den Alex einladen. Weißt du, den mit der Brille!»

«Meinetwegen, dann sind es zwölf Kinder. Aber das sind genug, ja?!»

«Klar, nur noch den Alex!»

Morgen wollte sie die Einladungen verteilen. Also noch schnell die für Alex fertigmachen!

Als Hanna ihren Stapel Einladungen am nächsten Tag in der Schule verteilte, gab sie auch Alex eine und lächelte ihn dabei fröhlich an. Der aber guckte ihr gar nicht ins Gesicht, stieß ihren Arm weg und sagte: «Die will ich nicht!»

Entsetzt starrte Hanna Alex an. Dann schluckte sie und sagte: «Nimm sie doch erst mal. Du kannst dir ja noch überlegen, ob du kommst.» Widerstrebend nahm er die Einladung und verschwand aus dem Klassenraum.

Hanna war enttäuscht und wütend zugleich. Sie hatte sich so gefreut, daß er zu ihrem Geburtstag kommen würde! Dieser blöde Typ, was bildet der sich eigentlich ein?! Will nicht zu meinem Geburtstag kommen, aber schreibt mir Liebesbriefe! An diesem Tag guckte Hanna Alex nicht mehr an.

«Na, hast du alle Einladungen verteilt?» fragte Hannas Mutter, als sie beim Mittagessen saßen.

«Jaa», murmelte Hanna.

«Das klingt ja nicht so begeistert!»

«Mmh», machte Hanna und aß schweigend ihren Milchreis. Auch das noch, den mochte sie doch nur kalt! Aber der hier war warm!

«Du weißt doch genau, daß ich warmen

Milchreis nicht mag!» brüllte sie plötzlich los. Heftig schob sie ihren Teller zur Seite und rannte aus der Küche.

«Was ist denn das für eine Art?» schrie ihre Mutter wütend hinterher.

In ihrem Zimmer begann Hanna, die Schreibtischschubladen aufzureißen und zuzuknallen. Dann legte sie den Kopf auf die Platte und schluchzte. «Der ist so gemein! Ich rede nie wieder mit dem!»

Tröstend legte sich eine Hand auf ihre Schulter. «Was ist denn los mit dir?» fragte ihre Mutter verwundert.

«Ach, dieser blöde Alex will nicht kommen!» schluchzte Hanna laut.

«Das ist ja merkwürdig», antwortete die Mutter nachdenklich. «Vielleicht hat er sich vor den anderen Jungen blamiert gefühlt, weil du ihn eingeladen hast?»

«Weiß ich nicht!»

«Mmh, soll ich mich mal bei seiner Mutter erkundigen?»

«Weiß ich nicht! Dabei hat er mir neulich einen Liebesbrief geschrieben!» schluchzte Hanna auf.

«Oh, davon hast du mir ja gar nichts erzählt!» lächelte die Mutter.

«Da war ein Herz drauf!»

«Mmh, laß mich nachdenken», sagte die Mutter. «Ich glaube, er traut sich nicht, zu deinem Geburtstag zu kommen.»

«Aber da kommen doch noch andere Jungen! Julian, Simon und Michael und Tobias!»

«Trotzdem, er traut sich bestimmt nicht, weil er denkt, alle wissen, daß er den Brief geschrieben hat.»

«Aber das weiß doch nur ich! Und du!»

Nach einer Weile holte sich Hanna Miranda Meerferkel auf den Schoß und streichelte sie lange und nachdenklich.

Am nächsten Tag fand Hanna, als sie mittags ihren Ranzen öffnete, ein kleines Päckchen. Hastig wickelte sie es auf. Da lag ein pinkfarbenes Haarband mit einer neongrünen Palme daran! Und ein zusammengefaltetes Zettelchen lag daneben. «Ich kann nicht kommen. A.» Daneben war ein kleines Herz gemalt. Ein pinkfarbenes, mit einem neongrünen Pfeil.

Dicke Loni

«Und Teeerab!» rief Reik. «Na los, Loni! Beweg dich!»
Hanna saß auf der dicken Haflingerstute und drückte ihr die Fersen in den Bauch. Aber Loni bewegte sich nur langsam und schwerfällig. Sie schwitzte, obwohl sie noch nicht lange gearbeitet hatte!
Das wird nie was, dachte Hanna. Und das sollte die Generalprobe sein! Sie hatte eigentlich auch gar nicht so richtig Lust zu dieser Veranstaltung. Lena und sie sollten sich als Schlümpfe verkleiden. Und das bei einer Weihnachtsfeier! Was hatten Schlümpfe denn mit Weihnachten zu tun? Und dann die vielen Leute, die da zugucken würden!
«Ach, Loni, ich versteh dich schon», flüsterte

sie und klopfte Loni liebevoll am Hals.
«Hast du was gesagt?» fragte Reik.
«Och, ich hab nur mit Loni geredet», sagte Hanna ein bißchen schüchtern zu ihrem Reitlehrer.
«Das ist gut», antwortete Reik. «Sag ihr mal, sie soll ihren dicken Hintern in Bewegung setzen!»
«Mmh», brummte Hanna und stieg ab.
Am Samstag brachte Hannas Vater die beiden Schwestern zum Reiterhof «Weserbergland». Sie waren beide ganz weiß angezogen. Auf dem Hof wartete schon Frau Klusmann auf sie. «Schön, daß ihr da seid!» sagte sie fröhlich. «Hier habt ihr blaue Westen und Mützen. Wer will, kann sich noch das Gesicht blau schminken.»
Eine Menge Kinder und Erwachsene liefen auf dem Hof herum. In der einen Ecke putzten lauter «Tannenbäume» ihre Pferde. Im Stall

stritten sich Engel in weißen Gewändern, wer nun Teddy und wer Morrys reiten sollte. War das eine Aufregung! Wo war nur Reik? Und wer putzte eigentlich Loni?
«So, nun stellt euch mal der Größe nach hintereinander auf», sagte Frau Klusmann.
«Lena, du machst den Anfang. Du führst die Schlümpfe an.»
Lena guckte wie so oft ziemlich mürrisch.
Hanna suchte sich ihren Platz in der Reihe.

Lenas Freundin Kristin war größer, aber Elena war kleiner als sie. Plötzlich klang Weihnachtsmusik über den Hof. Ach, da waren ja auch Mama und Papa. «Hallo!» riefen sie. «Ihr seht ja gut aus!»
«Na, ich weiß nicht so», brummelte Hanna.
«Jetzt reiten die Schneefrauen», sagte ihr Vater. «Wollen wir uns die mal angucken?» fragte er Mama und hakte sich bei ihr ein.
«Tschüs und viel Glück!» rief sie. Dann

verschwanden beide in Richtung Reithalle.
In diesem Augenblick kam Reik mit Loni aus dem Stall. Schön sah sie aus, so gestriegelt und gekämmt! Aber Reik sah auch nicht übel aus! Endlich hatte er mal nicht seine labbrigen Trainingshosen an. Er trug eine schneeweiße Reithose, blankgeputzte Stiefel und eine dunkle Jacke.
«Liebe Gäste!» sagte Frau Klusmann durch das Mikrofon. «Sie sehen jetzt eine Aufführung unserer jüngsten Reiterinnen und Reiter. Manche von ihnen können schon allein reiten. Aber da unsere Kinder und auch die Pferde heute sehr aufgeregt sind, reiten sie alle an der Longe. Die Schlümpfe! Ich bitte um Applaus!»
Reik führte Loni am Zügel in die Halle. Hinter ihnen lief eine lange Reihe weißblauer Schlümpfe mit Lena an der Spitze. Die Leute klatschten laut und lange. Ob Papa mich

sehen kann? dachte Hanna. Hoffentlich blamiere ich mich nicht!
Jetzt schallte die Schlumpfmelodie durch die Halle. Loni begann, an der Longenleine ihre Runden zu drehen. Die erste Schlümpfin Lena stieg auf. «Scheeeritt!» rief Reik, und Loni gehorchte. «Teeerab!» und dann schließlich «Gaaalopp!» Gut, sehr gut! Lena war fertig. Die Leute klatschten.
Ein Kind nach dem anderen zeigte, was es konnte. Hanna hampelte aufgeregt hin und her. Ganz kalte Füße hatte sie bekommen. Aber im Gesicht war ihr ganz warm! Gleich würde sie drankommen. Loni schwitzte schon. Riesige nasse Flecken glänzten in ihrem Fell.
«Hanna!» rief Reik leise. Aufgeregt lief Hanna zu Loni hin. Aber wo blieb Elena? Immer das nächste Kind in der Reihe sollte doch beim Aufsteigen helfen! Allein kam sie doch nie auf Loni drauf!

Hannas Gesicht begann zu glühen. Tränen schossen ihr in die Augen. Ach, da kam Elena ja endlich! Hauruck! Endlich war sie oben. Puh, geschafft!
«Scheeeritt!» rief Reik. Müde zockelte Loni los. «Und Teeerab!» Hanna hob ihren Po leicht an, aber Loni dachte nicht daran zu traben. Sie schwitzte und wollte nicht mehr. Reik knallte mit der Peitsche. Aber Loni schüttelte nur unwillig den Kopf und zockelte langsam weiter.
Hanna tätschelte Loni den Hals. Dann beugte sie sich weit nach vorn zu ihren Ohren. «He, Loni, sei lieb!» flüsterte Hanna. «Ich versteh dich ja, daß du keine Lust hast. Aber die denken doch jetzt, ich kann nicht reiten!»
Loni bewegte ihre Ohren aufmerksam hin und her. «Wir kennen uns doch vom Longieren, Loni. Ich bin doch Hanna und schon oft auf dir geritten! Komm, tu's für mich!» Loni

schnaubte leise. «Hast du mich verstanden, ja?»
Wieder schnaubte Loni. Dann begann sie, schneller zu laufen. «Teeerab, Loni! Ja, sehr schön!» rief Reik. Die Leute klatschten begeistert. Hanna glühte vor Stolz. «Und Gaaalopp!» Ja wirklich, die dicke Loni galoppierte drei ganze Runden!
Dann stieg Hanna ab. Schnell drückte sie ihr Gesicht an Lonis Hals und flüsterte: «Brav, Loni! Das hast du toll gemacht. Nachher kriegst du noch ein Leckerli von mir, wenn du fertig bist!» Und Loni nickte ein bißchen und schnaubte leise.
Nach der Aufführung lief Hanna zu ihren Eltern. Die zogen sie in ein Zelt, wo es Kaffee, Kakao und Kuchen gab. «Na, wie war's?» fragte Hanna mit vollem Mund, als alle vor ihren Kuchentellern saßen. «Super!» antwortete ihre Mutter. «Was hast du denn mit

dem Pferd gemacht? Das wollte doch gar nicht mehr.»

«Och, wir haben geredet, Loni und ich», sagte Hanna mit fester Stimme. «Loni hat mich verstanden und ich Loni. Als Reiterin kann man so was!»

«Ach so», sagte ihr Vater bewundernd und verschluckte sich ganz plötzlich an einem Kuchenkrümel.

Die Flötenspielerin

Plötzlich fiel es Hanna siedendheiß ein. Es war schon wieder Sonntag, und sie hatte noch kein bißchen geübt!

«Lena, wir müssen noch Flöte üben!» rief sie und rannte eilig in das andere Kinderzimmer. Dort saß ihre große Schwester am Schreibtisch und las in einem ihrer unzähligen Bücher. Wie immer! «Nachher», murmelte Lena.

«Aber morgen ist schon Montag!» schrie Hanna und guckte sie wütend an.

«Ja, gleich», brummte Lena.

«Das sagst du immer!» schrie Hanna laut.

«Schrei nicht so», maulte Lena.

«Ich schreie überhaupt nicht!» schrie Hanna noch lauter.

«Tust du wohl!»

«Ach, laß mich doch in Ruhe!» kreischte Hanna in höchsten Tönen und rannte aus dem Zimmer.

Laut weinend lief sie zu ihrer Mutter ins Wohnzimmer. «Lena ärgert mich!»

«Ach, hört doch auf mit dieser ewigen Streiterei!» antwortete die Mutter gereizt.

«Ihr seid alle doof!» kreischte Hanna und rannte in ihr Zimmer. Dort warf sie sich auf den Boden und schluchzte laut. Ihre Nase war jetzt zu, keine Luft wollte mehr durch. Und der Hals, der war auch ganz eng. Und sie hatte noch kein bißchen geübt.

Schließlich holte sie ihren Rucksack aus der Ecke und packte ihre schöne neue Blockflöte und das Flötenbuch aus. Ganz stolz war sie auf die Flöte gewesen! Bei der Weihnachtsfeier in der Schule hatte sie sie zum erstenmal benutzen dürfen, als sie vor den Eltern «Jingle bells» geflötet hatte. Das hatte ihr Mama beigebracht. Und da hatte sie sich ganz toll gefühlt. Danach wollte sie dann unbedingt Flötenstunde haben, bei Frau Kasten. Und Mama hatte Lena und sie dann auch angemeldet. Aber jetzt, jetzt hatte sie die ganze Woche nicht geübt!

Hanna schlug das Flötenbuch auf. Beim letztenmal hatten sie einen neuen Ton gelernt, das f! Hanna legte die Fingerkuppen auf die Löcher der Flöte und blies hinein: fiiieeep!!

«O nein!» brummte sie. Noch mal. Finger auf die Löcher: fiiieeep!! «Scheiße! Ich kann das nicht!» rief sie. «Außerdem kriege ich keine Luft durch die Nase!» Noch mal. Finger auf die Löcher: fiiieeep!! «Das ist bescheuert! Frau Kasten ist doof! Das ist viel zu schwer für mich!» schrie sie laut und warf sich auf den Boden.

Schließlich kam ihre Mutter ins Zimmer.

«Hanna, sei doch mal ruhiger!» sagte sie.

«Ich bin doch ruhig!» kreischte Hanna. «Ich hab dir schon tausendmal gesagt, du sollst jeden Tag ein bißchen üben und nicht erst am Sonntag damit anfangen!» sagte ihre Mutter gereizt. Hanna guckte maulig. «Probier's mal: f, f, g, g, a, a, g...» Zwei Schluchzer hicksten noch aus Hannas Kehle, dann setzte sie die Flöte neu an: f, f, g, g, a, a, g...

«Super!» rief ihre Mutter. «Das war doch super!» Hanna strahlte. «Na, gleich noch mal!» Finger auf die Löcher: fiiieeep!!

«O nein!» brüllte Hanna. «Ich würde die Flöte am liebsten an die Wand schmeißen!» Hannas Mutter rannte aus dem Zimmer. Im Flur brüllte sie laut: «Von wem hat sie das bloß? Warum kann dies Kind nicht etwas mehr Geduld haben, verdammt noch mal!»

«Weil Flöten doof ist!» schrie Hanna.

Nach einer furchtbar langen Weile öffnete sich leise die Tür. Hannas Mutter steckte vorsichtig ihren Kopf herein und sagte: «Komm mal zu mir.» Schnell stand Hanna auf und lief hinter ihr her ins Wohnzimmer. Dort legten

sich beide nebeneinander auf das Sofa. «Jetzt kuscheln wir erst mal ein bißchen», sagte Mama und kraulte sie zärtlich im Haar. Dann strich sie ihr den Rücken langsam rauf und runter, und Hanna schloß die Augen.
Ab und zu kam noch ein Gickser aus ihrer Brust, aber bald war wieder genug Platz zum Atmen darin. Ganz warm und hell wurde es in Hanna. Und mit geschlossenen Augen konnte sie auch so schön nach innen gucken. Sonnig ist es da.
Auf einem hellen Fleck sitzt ein Mädchen mit gekreuzten Beinen vor einem Korb. Es trägt ein buntes Tuch um den Kopf gewickelt und hält eine zierliche Holzflöte in den Händen. Leise zarte Töne tanzen da in der sonnigen Luft. Ob in dem Korb eine Schlange liegt?
Als Hannas Vater nach Hause kam, versuchte sie es noch einmal. Manchmal fiepte es ein bißchen, aber eigentlich ging es ganz gut.

Am Montag kehrte Hanna strahlend von der Flötenstunde zurück. «Mama», sagte sie, «Frau Kasten hat gesagt, für mein Alter kann ich das f schon unheimlich gut!»
Höchst zufrieden holte sie dann Miranda Meerferkel aus dem Käfig und setzte sie in den braunen Korb, in dem Mama immer die Schals und Handschuhe aufhob. «Jetzt sei ganz still, Miranda», flüsterte Hanna mit der Flöte in den Händen. «Und hör gut zu!»

Der Zitronenfalter

Schon seit Tagen dachte Hanna darüber nach, als was sie in diesem Jahr zum Fasching gehen könnte. Als Pferd vielleicht oder als Raupe? An einem der endlos langen Abende im Bett, als sie mal wieder nicht einschlafen konnte, hatte sie endlich die zündende Idee! Als Zitronenfalter würde sie gehen. Jawohl! Das mußte sie sofort Mama sagen! Schließlich müßte die dafür sorgen, daß sie auch wirklich wie ein Zitronenfalter aussehen würde. Blitzartig sprang Hanna aus dem Bett, rannte ins Wohnzimmer, wo ihre Eltern auf den Sofas lagen und ihre Nase hinter einem Buch versteckt hatten. «Mama!» schrie Hanna begeistert. «Ich weiß jetzt, als was ich gehe. Als Zitronenfalter!»

Ziemlich ungehalten und müde guckte ihre Mutter hinter ihrem Buch hervor. «Mensch, Hanna, schläfst du denn immer noch nicht?»

«Ich gehe als Zitronenfalter, Mama! Wie findest du die Idee?»

«Hör mal, deine Ideen sind meistens ganz hervorragend. Aber um diese Zeit wäre es mir lieber, du würdest schlafen!»

Enttäuscht hockte sich Hanna vor das gemütlich flackernde Kaminfeuer. «Und ich hab mir gerade vorgestellt, wie toll das als Zitronenfalter sein wird!»

«Wir reden morgen darüber, ja?» lenkte ihre Mutter ein. «Gute Nacht!» grunzte der Vater.

An diesem Abend schlief Hanna noch lange nicht ein. Sie stellte sich vor, wie sie als Zitronenfalter durch die Gegend flattern würde. Und wie toll die anderen Kinder und ihre Lehrerin Frau Koppe den Zitronenfalter finden würden.

Beim Frühstück zwischen Müsli und Anziehen erläuterte Hanna ihrer Mutter ausführlich, wie das Kostüm aussehen sollte.

«Am wichtigsten sind die Flügel...»

«Die schnallen wir dir irgendwie auf den Rücken», überlegte die Mutter.

«Nein, nein, die Flügel müssen an den Armen befestigt sein. Ich will doch richtig fliegen!» Dabei schwenkte Hanna beide Arme heftig auf und nieder. Platsch! Das war die Milchtüte!

«O nein!» schrie die Mutter. «Verschwinde und putz dir die Zähne! Es ist schon verdammt spät!»

«Ja, aber der Zitronenfalter...!»

«Raus!»

Ob Frau Koppe die Sache mit dem Zitronenfalter besser verstehen würde? Bestimmt! Wenn nicht gerade eines der anderen 27 Kinder auf sie einredete, verstand sie immer

alles. So war es auch heute. «Ja, Hanna, das ist eine ganz tolle Idee!» sagte sie. Und: «Da bin ich aber gespannt auf den Rosenmontag!»
Als Hanna mittags nach Hause kam, lagen im Wohnzimmer zwei Flügel aus Zeitungspapier.
«Aber so sehen doch keine Flügel von Zitronenfaltern aus!» rief sie entsetzt.
«Das sind Modelle. Ich will sie an deinem Arm anpassen», sagte die Mutter. «Heute abend, wenn du hoffentlich mal früh im Bett bist (Was sollte nun wieder dieser strafende Blick?), werde ich sie auf gelben Karton übertragen. Papa kann sie dann demnächst mit Maserungen bemalen. Aber das Schwierigste wird die Befestigung sein.»
Darüber machte sich Hanna keine Gedanken. Sie stellte sich vor, wie sie über die Gärten und Wiesen flattern würde. Zwei Abende saßen ihre Eltern an den Flügeln. Ihre Mutter schnitt die Flügel zurecht, der Vater bemalte

sie liebevoll. Dann nähte Mama sie mit Hilfe von Rundstäben an die Ärmel eines gelben Sweatshirts.
Am Wochenende war das Kostüm endlich fertig. Hanna bastelte noch aus gelbem

Karton ein Stirnband und befestigte daran zwei Fühler aus gelben Pfeifenreinigern und Styroporkugeln.
Gelbe Leggings, grüne Turnschuhe, das gelbe Sweatshirt mit den Flügeln, das Stirnband mit den Fühlern. Kaum hatte Hanna alles angezogen, begann sie wild mit den Flügeln zu schlagen und lief jubelnd durch das Wohnzimmer. «Ich bin ein Schmetterling! Ich fliege!»
«Paß auf, daß du nicht gegen die Fensterscheibe knallst!» sagte ihre Mutter lachend und ging in die Küche.
«Jiiipiieeh!» rief Hanna und flatterte in Richtung Fenster. Auf und nieder schlugen die Flügel. Ganz leicht wurden die Arme. Huuiii, jetzt hob sie ab! Mit den Armen, mit den Flügeln schlagen! Hoch und «Jiiipiieeh, ich fliege!» Oh, ein kräftiger Windstoß hätte sie beinahe wieder auf den Boden gedrückt. Mit

den Armen, mit den Flügeln schlagen! Hoch und «Jiiipiiieeh, ich fliege!»
Zu der Wiese dahinten sollte es gehen. Da, wo es saftiges Grün gab und duftende Wiesenblumen. Noch ungemäht in diesem Jahr. Dort, ja dort wollte sie ihren kleinen Rüssel in die Blütenkelche stecken und von dem süßen Nektar kosten. Die Sonne würde auf die feinen gelben Flügel scheinen. Und sie würde zwischen den Blumen und Gräsern über die herrliche Wiese gaukeln…
Pock! Au, sie hatte mit einem Flügel gegen etwas Hartes gestoßen. Was mochte das nur sein? Nichts sollte ihr im Wege sein auf dem Flug zur Wiese mit den Gräsern und Blumen. Sie roch ihn schon, den süßen Duft der Blüten…
Dingdong! Dingdong! Verwirrt hielt der Zitronenfalter inne. Welch fremdes Geräusch! Dingdong! Dingdong!

«Hanna, geh mal zur Tür! Du hast dich doch mit Insa zum Spielen verabredet. Willst du nicht aufmachen?» fragte die Mutter in der Tür.

Verwirrt hockte Hanna auf dem Teppich. Schlapp hingen ihre Arme, ihre Flügel herab.

«Ich bin doch ein Zitronenfalter», seufzte sie leise.

«Schon», sagte die Mutter. «Nur vor der Tür steht Insa und friert bestimmt bald. Schließlich haben wir Februar! Flieg hin zur Tür und laß sie rein!»

«Jiiipiieeh!» rief Hanna, sprang auf, ruderte mit ihren Armen, ihren Flügeln auf und nieder. «Ich bin ein Schmetterling! Ich fliege!»

Bei den Dinosauriern

Hanna hatte schon lange Sehnsucht nach ihrer Brieffreundin Carola gehabt. Nun waren Osterferien, und Carola war endlich da!
In den ersten Tagen spielten sie 21 Spiele zusammen. Abends klönten sie noch lange im Bett. Sie guckten sich Hannas Heimatstadt Hameln mit dem Glockenspiel vom Rattenfänger an. Und sie tobten im Hallenbad stundenlang zusammen im Wasser herum.
Dann hatte Papa eines Tages eine glänzende Idee. «Wir könnten eigentlich mal zur Dino-Ausstellung fahren, was haltet ihr davon? Ihr wißt schon, da sind diese lebensechten Modelle aus Amerika aufgebaut. Sie können sich bewegen und geben Töne von sich.»
«Au ja!» schrien beide wie aus einem Munde.

Hanna war ganz aufgeregt. «Ich nehme meinen Fotoapparat mit», sagte sie. «Ich will dich und die Dinos alle aufnehmen!»
Carola nickte.
Nach einer langen Stunde Autofahrt fanden sie tatsächlich einen Parkplatz bei dem Museum, in dem die Ausstellung sein sollte. Schon vor dem Gebäude stand ein riesiges Dreihorn, auf dem viele Kinder herumturnten. Nachdem die Eltern den Eintritt bezahlt hatten, verabschiedeten sich die beiden Mädchen von den Erwachsenen. Die Dinos wollten sie lieber allein angucken, hatte Hanna gesagt. Und Carola war einverstanden gewesen.
Schon von weitem hörten sie grollende und fauchende Töne. Als sie schließlich den richtigen Raum betraten, war es dort ziemlich dunkel. Hanna blieb stehen. Ihre Augen mußten sich erst an die Dunkelheit gewöhnen.

In dem hohen Raum standen riesige Saurier, die in geheimnisvolles Licht getaucht waren. Sie bewegten sich langsam, manchmal etwas ruckartig.

«Da vorne ist ein Langhals!» jubelte Carola.

«Los, laß uns hingehen!» antwortete Hanna und zog ihren Fotoapparat aus der Umhängetasche. «Oh, hat der aber einen kleinen Kopf und solch einen riesigen Körper», staunte sie.

«Aaarrooom», tönte es aus dem Saurier. Langsam schwenkte er seinen langen Hals mit dem kleinen Kopf mal zur einen, mal zur anderen Seite.

Daneben stand eine Maiasaura, die gute Mutterechse. Sie bewachte ein großes Nest mit einer Menge Dino-Eiern. Aus einigen waren schon Junge geschlüpft. Alles war in ein gelbliches Licht getaucht. Die kleinen Dinos quakten und girrten.

«Toll, was?» sagte Hanna zu Carola. «Dabei sind die aus Kunststoff und sehen total echt aus.»

«Iiieeh!» rief sie plötzlich entsetzt. «Zu dem da vorne gehe ich aber nicht hin!» Da lag ein Brontosaurus auf dem Boden, und zwei Raubsaurier rissen große blutige Fleischbrocken aus seinem Körper.

«Das sind Allosaurier. Es gab eben auch Fleischfresser und nicht nur Pflanzenfresser», sagte Carola bedauernd.

«Ich weiß», antwortete Hanna bedrückt.

«Dahinten ist ja auch noch ein Tyrannosaurus rex. Der war doch der Schrecklichste!» Carola nickte.

«Oh, süüüß!» sagte Hanna, als sie vor dem Riesen standen.

«Du spinnst ja!» sagte Carola. «Wo ist der denn süß?»

Auf hohen Hinterbeinen und großen Füßen

mit Krallen stand die schreckliche Echse aufrecht da. Sie bewegte ihren Oberkörper mit den kleinen Ärmchen und dem riesigen Schädel ruckartig hin und her. Die Besucher konnten eine Treppe hinaufgehen und waren dann auf einer Plattform in der gleichen Höhe wie der Kopf vom Tyranno.
«Kommst du mit nach oben?» fragte Hanna. «Ich will ihn von nahem fotografieren!»
Die beiden Kinder rannten eilig die Stufen hoch. Atemlos standen sie schließlich auf der Plattform. Dort warteten sie, daß der gewaltige Schädel bei seiner nächsten Bewegung in ihre Richtung gucken würde.
«Rooaarrrr!» klang es eindrucksvoll aus dem Riesenrachen mit den Säbelzähnen. Da, jetzt drehte er sich um!
Hanna hob den Fotoapparat und drückte auf den Auslöser. Es blitzte. Doch was war das? Der Tyranno erstarrte in seiner Bewegung und

blickte in Hannas Richtung. Auge in Auge standen sie sich gegenüber. Die schreckliche Echse mit ihrem riesigen gelben Auge glotzte Hanna an. Hanna rührte sich nicht.
Was war nur los? Hatte der Tyranno sich erschreckt, weil der Fotoapparat geblitzt hatte? War er geblendet worden? War er jetzt etwa wütend? Was würde er tun? Warum bewegte er sich nicht mehr?
Tausend Fragen schossen Hanna durch den Kopf. Sie hielt den Atem an. Und guckte der Echse gerade in das gelbe Auge.
«Rooaarrr», grollte der Tyrannosaurus rex. Sein Auge blieb starr. Und noch einmal: «Rooaarrr!»
«Carola», flüsterte Hanna, ohne ihren Blick von der Echse abzuwenden. «Carola, warum guckt der so?» Carola antwortete nicht. Sie hatte ihr Flüstern nicht gehört. «Carola!» rief Hanna. «Bist du noch da?»

Plötzlich preßte sich ein Arm an Hannas Arm, und Carola flüsterte aufgeregt: «Du hast den Tyranno mit dem Blitz ins Auge getroffen! Jetzt ist er ganz wütend!»
«Meinst du?» fragte Hanna zaghaft. Ohne Carola anzugucken, griff sie nach ihrer Hand. Beide hielten sich ganz fest.
«Manchmal sieht man doch einen blauen Punkt, wenn man in den Blitz reinguckt», sagte Carola.
Die schreckliche Echse glotzte noch immer mit ihrem riesigen gelben Auge in Hannas Gesicht. «Rooaarrr», drang es aus ihrem Maul mit den scharfen Zähnen.
«Der soll weggucken!» sagte Hanna ängstlich zu Carola, und beide hielten sich noch immer fest an den Händen.
Plötzlich war ringsumher alles stockdunkel. Entsetzt schrien die beiden Mädchen auf.
«Verehrte Besucherinnen und Besucher»,

klang es da aus einem Lautsprecher. «Bitte seien Sie unbesorgt. Leider ist soeben durch einen Kurzschluß der Strom ausgefallen. Unsere Techniker werden den Schaden so schnell wie möglich beheben. Um Unfälle zu vermeiden, bleiben Sie bitte auf Ihren Plätzen.»

Hanna atmete auf. Aber glühte da nicht vor ihr noch so ein gelbes glotzendes Auge in der Dunkelheit?

Noch ehe Hanna Carola danach fragen konnte, war der Strom wieder da.

«Puh, ich glaube, mir reicht es jetzt!» sagte Hanna. «Komm, laß uns mal gucken, wo meine Eltern sind. Vielleicht kann ich sie ja überreden, uns ein Eis zu spendieren. Aber auf die Fotos bin ich gespannt, du auch?»

Igor im Iglu

Das neue Zelt sah aus wie ein silberner Iglu. Hannas Vater hatte es auf dem Rasen aufgebaut, nachdem es in den letzten Tagen warm geworden war. Hanna und ihre Schwester Lena wollten unbedingt einmal darin übernachten. Ob die Eltern es erlauben würden?

Sie erlaubten es, am Wochenende, und Tilly sollte mit im Zelt schlafen. Tilly war die hübsche goldbraune Mischlingshündin mit dem langen weichen Fell, die schon lange zur Familie gehörte. «Tilly soll wohl auf uns aufpassen?» meinte Hanna.

«Ja, schon», antwortete ihre Mutter. «Aber hoffentlich schlägt sie nicht bei jeder Katze an, die durch den Garten schleicht!»

Am Samstag abend packten Hanna und Lena Luftmatratzen, Schlafsäcke, Kuscheltiere, Taschenlampen und vor allen Dingen Proviant in das Zelt. (Oma hatte ihnen heimlich noch zwei Hühnerkeulen zugesteckt!) Tilly lag schon den ganzen Tag im Zelt. Hier gab es Schatten, und gemütlich fand sie es wohl auch. Ob Miranda Meerferkel auch mitkommen kann? überlegte Hanna. Ach, besser nicht, Meerschweinchen und Hunde vertragen sich nicht besonders.
Endlich begann es zu dämmern. Beide Kinder zogen sich ihre Jogginganzüge an, denn nachts würde es noch recht kalt werden. Dann machten sie den Reißverschluß am Eingang zu und krochen in die Schlafsäcke. Tilly wollte erst nicht recht verstehen, weshalb sie nicht auch auf einer Luftmatratze liegen durfte. Aber schließlich leckte sie jedem Kind noch einmal kräftig über das Gesicht und rollte sich

dann zufrieden in der Mitte des Zeltes zusammen.

«Schön, nicht?» flüsterte Hanna. «Mmh», antwortete Lena.

«Es fängt an zu regnen», sagte Hanna nach einer Weile.

«Nein, das ist der Wind in der großen Pappel dahinten.» – «Mmh.»

«Hast du Angst?» fragte Lena. «Nö, Tilly ist doch da.» – «Mmh.» Irgendwann sehr spät schliefen sie ein.

Mitten in der Nacht wachte Hanna auf. Lausekalt war ihr! Bibbernd zog sie den Schlafsack enger um ihren Körper. Raschelte da nicht etwas direkt neben dem Zelt? «Ach, das bilde ich mir nur ein», flüsterte Hanna in ihren Schlafsack hinein. Tilly meldete sich ja nicht. Doch da, da raschelte doch schon wieder was! «Lena, wach auf!» flüsterte Hanna. «Lena, da ist irgendwas!» Doch Lena hörte nichts. Sie schlief wie ein Murmeltier! Mutig wühlte sich Hanna aus ihrem Schlafsack heraus. Vorsichtig zog sie den quietschenden Reißverschluß auf. Tilly zuckte mit keinem Ohr! Hanna griff ihre Taschenlampe, knipste sie an und leuchtete am Zelt entlang. Da, direkt neben dem Eingang rollte sich etwas blitzschnell zu einer Kugel zusammen. «Ein Igel!» seufzte Hanna erleichtert.

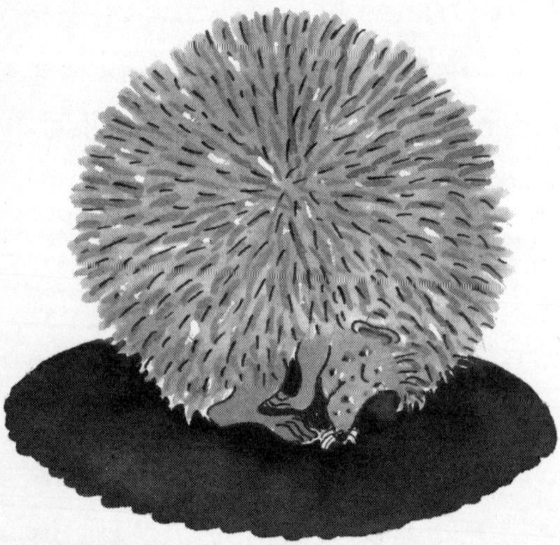

Behutsam griff sie die Kugel und legte sie ins Zelt hinein. «Autsch, das pikt ja fürchterlich!» quiekte sie. Tilly öffnete müde ein Auge. Dann zuckten ihre Ohren schon etwas aufmerksamer. «Das ist ein Igel! Laß ihn in Ruhe!» sagte Hanna beschwörend und hielt ihre Hand schützend über die Kugel. Die Stachelkugel blieb jedoch so, wie sie war. Da wurde kein Igel draus!

«Hallo, du Igel! Inge! Irma! Ignatz! Ingo! Igor!» lockte Hanna leise. Plötzlich begann sie zu kichern. «Igel Igor im Iglu! Du kannst rauskommen, Igor!» Tilly stand inzwischen schnüffelnd vor Igor und staunte. «Wuff!» sagte sie verwirrt. «Wuff, wuff!» Nur Lena, die schlief!

«Du machst Igor angst!» meinte Hanna vorwurfsvoll. «Geh ein bißchen an die frische Luft, los!» sagte sie aufmunternd zu Tilly und schob sie in Richtung Eingang. Aber Tilly wollte nicht. Da fielen Hanna die Hühnerkeulen ein! Schnell warf sie ein Stückchen Hühnerfleisch nach draußen, und – schwups – sprang Tilly hinterher. Den Reißverschluß schnell wieder zugemacht und nun zu Igor! Hanna hielt ein Stückchen Hühnerfleisch vor Igors Nase. Oder jedenfalls dahin, wo sie sie vermutete. Unglaublich! Igor streckte sich langsam und sehr vorsichtig. Schnüffelnd reckte sich eine schwarze Nasenspitze aus der Kugel heraus. Und dann schmatzte Igor laut

und genüßlich! Doch da winselte schon wieder Tilly hinter dem Eingang!

Als der Morgen graute, hatte Igor im Iglu ein volles Bäuchlein. Tilly vor dem Iglu leckte sich noch einmal genießerisch die Lefzen. Hanna im Iglu verstaute sorgfältig die Knochen, damit Tilly sie nicht finden würde. Hunde vertragen nämlich keine Hühnerknochen!

Und Lena im Iglu? Die rieb sich jetzt erstaunt die Augen!

«Oh, süüüüß», sagte sie entzückt. Doch dann: «Iiiiieeehh! Der ist ja ganz voll Zecken!» Ja, jetzt im Hellen sah Hanna es auch. Igor war über und über im Gesicht und an den Ohren mit Zecken bedeckt! «Ich muß Mama holen!» rief sie erschrocken.

Also, um es gleich zu sagen, Hannas Mutter war alles andere als erfreut, am Sonntag morgen um fünf Uhr in der Frühe einen Igel von Zecken befreien zu müssen! Erst als

Hanna ihr die Notlage mehrmals sehr eindringlich schilderte, saßen schließlich zwei Kinder und eine Mutter mit winzig kleinen Augen und Wuselhaaren auf dem Rasen. Bewaffnet war die Mutter mit einer Flasche Speiseöl, einem Pinsel und einer Pinzette. In mühseliger Kleinarbeit tupfte sie mit dem Pinsel Öl auf die Zecke, wartete ein bißchen, zog mit der Pinzette und einer Drehbewegung die Zecke raus, zählte deren Beine nach und warf sie weit weg. Zehn Stück waren es insgesamt!

«So, ihr Quälgeister!» sagte sie schließlich. «Jetzt ist Ruhe!»

So ganz klar war nicht, wen sie damit meinte...

«Badet ihn halt noch», riet sie und verschwand wieder in Richtung Bett.

Im Schüsselchen mit lauwarmem Wasser krochen dann noch allerhand Krabbelviecher aus dem Stachelpelz heraus. «So, Igor», sagte Hanna, «jetzt komm zurück in unser Iglu, da gibt's noch ein letztes Fitzelchen Hühnerfleisch. Ganz allein nur für Igor im Iglu!»

Ute von Brisinski, geb. 1954, Diplompädagogin. Arbeitet in einer Jugendstrafanstalt und lebt mit Mann und zwei Töchtern in Hameln.
Von der Autorin gibt es außerdem bei rotfuchs «Der Seifenblasenbär» (Band 496).

Katharina Joanowitsch studierte an der Fachhochschule für Gestaltung, Fachbereich Illustration. Seit 1980 ist sie in Hamburg freischaffend tätig als Illustratorin für Schulbücher, Schallplattencover, Kinder- und Jugendbücher; u. a. «Ich bin aber noch nicht müde!»; «Gute Luft – auch wenn's stinkt» von Harald Grill; «Mein blauer Esel Pim»; «Neue Drei-Minuten-Geschichten» von Hanna Hanisch; «Sie nannten ihn Katze» von Hanna und Rolf Hanisch.

Geschichten für Leseanfänger

Bücher in großer Druckschrift.

Eveline Hasler
Babas große Reise
(rotfuchs 605)
Baba, das mutige Schweinemädchen, zieht hinaus in die Welt. Eine lustige Geschichte mit vielen Songs und Versen. Zum Vorlesen, Nachspielen, Nachsingen und Lesenlernen.
Hexe Lakritze
Bilder von Hans Poppel
(rotfuchs 273)
In diesem Buch sind die Hexe Lakritze–Geschichten aus zwei Büchern vereint. Die optische Einteilung des Textes in Sinnschritte hilft den Leseanfängern.

Ole Lund Kirkegaard
Ivan kommt groß raus *oder Wer ist hier der Schwächling?*
(rotfuchs 408)

Klaus-Peter Wolf
Das könnt ihr doch mit mir nicht machen!
Bilder von Margit Pawle
(rotfuchs 599)
Mona hat eine Sechs geschrieben in der Schule, doch bevor sie die schlechte Zensur zu Hause beichtet, brauchen die Eltern noch etwas Unterricht in Sachen Erziehung, findet Mona.

Ursel Scheffler
Prinzessin Knallerbse
(rotfuchs 675)
Prinzessin Knallerbse ist keine Märchenprinzessin: Sie ist hübsch, klug, gelegentlich aber auch dickköpfig und jähzornig. Ihr Vater sucht einen Prinzen und Drachenbezwinger für sie, aber die Prinzessin macht da nicht mit.

rororo rotfuchs

Ursula Haucke
Mutz macht Mätzchen *Ein Knirps hat Einfälle*
(rotfuchs 657 / ab 6 Jahre)
Mutz hat pfundweise Phantasie und einen ziemlichen Dickschädel: Grund für allerlei verzwickte Situationen. Aber die Familie hat Humor und sogar die Schwestern Anna und Lena haben Mutz trotzdem zum Fressen gern.

Walter Wippersberg
Max, der Unglücksrabe
(rotfuchs 619)
Max hat zwei linke Hände, zwei linke Füße, ein bißchen dick ist er, und besonders schnell laufen kann er auch nicht. Wenn aber niemand zuguckt, ist Max gar nicht so ungeschickt und dumm...

Norgard Kohlhagen
Die verrückten Zwillinge
Bilder von Amelie Glienke
(rotfuchs 625)

Füchse, Fez & Firlefanz

«Späße und Verse, Rätsel und Jokes samt exquisiter Zeichnungen des besten Grafikers, den wir gegenwärtig loben können – **Klaus Ensikat** aus Berlin – in einem Taschenbuch zu haben. Ein Dreierlei der Unterhaltung, das in Hände und Ohren aller Kinder und Kindergärtner gehört!»
Elke Rose, Spielen und Lernen

Klaus Ensikat
Füchse, Fez & Firlefanz *Bilder mit Reimen garniert von Günter Saalmann*
(rororo rotfuchs 662 und als CD – DG Junior 437 324-2 – und Cassette – DG Junior 437 324-4 – bei der Deutschen Grammophon)

Bumerang
War einmal ein Bumerang;
war ein weniges zu lang.
Bumerang flog ein Stück,
aber kam nicht mehr zurück.
Publikum – noch stundenlang
wartete auf Bumerang.
Joachim Ringelnatz

«Was nun aber: CD beziehungsweise Kassette? Oder doch das Taschenbuch? Die einen locken mit Musik, das andere mit den wunderbaren Zeichnungen Klaus Ensikats. Das (Vor-)Lesen macht leichte, aber vergnügliche Mühe und bringt die Phantasie auf Trab; das (Zu-)Hören beschert die reizende Musik und die Launigkeit der Interpreten. Jede Entscheidung verspricht Gewinn und Verzicht. Also braucht man wohl beide.
Manfred Sack, DIE ZEIT

Rätsel
Erst reißt du's runter
unbeirrt,
glaubst,
daß es niemals alle wird.
Doch schnell
und schneller
spult sich's ab,
wird dir womöglich peinlich
knapp.
So sitzt du denn
am Ende fest
und blickst durch
deiner Rolle Rest. (Klopapier)

«Ein poetisch-musikalisches Kabarett für Kinder und Kenner, zu empfehlen auch solchen, welche weder ganz mehr das eine noch bereits das andere sind.»
Anna Katharina Ulrich, Neue Zürcher Zeitung

Die Reihe *rororo rotfuchs* wird herausgegeben von Ute Blaich und Renate Boldt. Ein Verzeichnis aller lieferbaren Titel findet ihr in der *Rowohlt Revue*. Jedes Vierteljahr neu. Kostenlos in den Buchhandlungen.

rororo rotfuchs

Angela Sommer-Bodenburg

Alle Kinder lieben Rüdiger! In den Bücherregalen hockt er gleich neben «Pippi Langstrumpf» und lächelt mit spitzen Zähnen und blutunterlaufenen Augen in die Nacht. Tagsüber wohnt Rüdiger auf dem Friedhof; er ist etwa einhundertfünfzig Jahre alt, hat eine bleiche Gesichtsfarbe, riecht ein wenig muffig, er kann fliegen und ist sehr klein – Rüdiger wurde schon als Kind Vampir.

Der kleine Vampir *
(rotfuchs 216)
Der kleine Vampir zieht um *
(rotfuchs 245)
Der kleine Vampir verreist *
(rotfuchs 297)
Der kleine Vampir auf dem Bauernhof *
(rotfuchs 325)
Der kleine Vampir und die große Liebe *
(rotfuchs 389)
Der kleine Vampir in Gefahr *
(rotfuchs 401)
Der kleine Vampir im Jammertal
(rotfuchs 435)
Der kleine Vampir liest vor
(rotfuchs 445)
Alle Titel mit Bildern von Amelie Glienke / ab 6 Jahre.
* Auch als gebundene Ausgabe bei Wunderlich.

Wenn du dich gruseln willst
Unheimliche Geschichten
(rotfuchs 459 / ab 9 Jahre)
Florian ist krank und hat schreckliche Langeweile. Da erzählen ihm seine Eltern spannende Gruselgeschichten, die sich – vielleicht – wirklich so ereignet haben.

rororo rotfuchs

Die Moorgeister
Mit Zeichnungen und Bildern von Reinhard Michl
(rotfuchs 429 und als gebundene Ausgabe bei Wunderlich / ab 10 Jahre)
Timo fährt in den großen Ferien zu Tante Mimi nach Moorkaten. Leben im Moor wirklich Geister, Dämonen und Elfen? Nach den drei Wochen hat er viel zu erzählen...

Das Biest, das im Regen kam
Bilder von Amelie Glienke
(rotfuchs 285 / ab 8 Jahre)
Susanne hat noch nie eine Kissenschlacht gemacht, sich nie eine Gespenstergeschichte ausgedacht, ist immer brav, sauber, höflich – und langweilig. Bis das Biest Luzi bei ihr einzieht.

Spiele– und Beschäftigungsbücher

Knobeln, drudeln, rätseln, reimen, kochen, basteln – dabeisein ist alles.

Evi u. Hansjörg Langenfass
Comic-Kochbuch *Heiße und kalte Tips für Kochkönige und Katastrophenköche*
(rotfuchs 212)

E. Kahlert / F. Kohlsaat
Rätselkiste
(rotfuchs 290)
Sagt mit, bitte, liebe Leut'
was das für ein Ding bedeut':
Dieses Ding hat sieben Häut'
und das Ding beißt alle Leut'
bis die bittre Tränen weinen.
Was für'n Ding werd ich
wohl meinen?

Witzekiste *Bilder, Witze, Rätsel, Reime, Fabeln und Geschichten*
(rotfuchs 253)
Zwei Hasen werden von einem schwarzen Pudel verfolgt. Sie laufen, schlagen Haken und können endlich den Hund abschütteln. Etwas außer Atem setzen sie sich nieder, um auszuruhen. Plötzlich taucht hinter einem Hügel ein weißer Pudel auf. «Mensch», ruft da der eine Hase, «jetzt müssen wir aber noch einen Zahn zulegen. Der verdammte Hund hat schon seinen Pullover ausgezogen.»

Krimikiste
(rotfuchs 409 / ab 9 Jahre)
In diesem Buch gibt es nur eine Leiche, und das ist eine dumme Gans. Aber Müllmänner und Füchse geraten in Verdacht und Bürgermeister und Hasen in Teufels Küche ...

rororo rotfuchs

Poesiekiste *Sprüche fürs Poesiealbum*
Herausgegeben von Joachim Fuhrmann. Bilder von B. Kaip
(rotfuchs 274)

Eve Marie Helm
Die Rätselhexe *Erster Lesespaß*
Bilder von Margit Pawle
(rotfuchs 538 / ab 6 Jahre)
Eine Geschichte zum Mitraten für Leseanfänger.

F. K. Waechter / Bernd Eilert
Die Kronenklauer
(rotfuchs 448)
Eine wahre Wundertüte, randvoll mit Späßen und Überraschungen. Man kann in und mit diesem Buch lesen, falzen, raten, reimen, malen und singen.

Natias Neutert
100 Tricks und Zaubereien
(rotfuchs 119 / ab 8 Jahre)
Ein «kleiner Ratgeber» für Zauber- und sonstige Tricksereien. Alle Tricks und Tips sind mit verständlichen Anleitungen beschrieben und bebildert.